L'EMPEREUR

NAPOLÉON III

ET

LA FRANCE

PARIS. — IMPRIMERIE SERRIERE, 123, RUE MONTMARTRE.

L'EMPEREUR

NAPOLÉON III

ET

LA FRANCE

PAR

ÉMILE DE GIRARDIN

TROISIÈME ÉDITION

PARIS

MICHEL LÉVY FRÈRES, LIBRAIRES-ÉDITEURS

2 *bis*, RUE VIVIENNE

BADEN-BADEN — LIBRAIRIE DE MARX

M DCCC LIX

PRÉFACE

Baden-Baden, 27 août 1859.

Sous ce titre : L'Empereur Napoléon III et l'Angleterre, a paru, en 1858, une brochure qui a été suivie, en 1859, d'une autre brochure intitulée l'empereur Napoléon III et l'Italie. Ces deux manifestes, dus à la même inspiration et à la même plume, ont eu, quoique publiés dans des circonstances très différentes, un égal retentissement et un égal succès. Certes, le même succès, le même retentissement n'attendent pas l'empereur Napoléon III et la France, car cet écrit n'a pas la même origine couverte du voile transparent d'un anonyme complaisamment trahi par tous les journaux de la France et de l'étranger.

Le nom de l'auteur imprimé au dessous du

titre ne laisse point à cet égard la plus petite
place au plus léger doute. Cependant on peut
dire qu'il ne se trouve pas dans ce libre exposé
une seule idée qui ne soit une déduction exactement tirée, soit des œuvres de L.-N. Bona-
parte, soit des déclarations de l'empereur Napoléon III. Nul ne les a plus méditées, nul ne
les sait mieux que celui qui, le premier, le 25
octobre 1848, posa la candidature qui, le 10 décembre suivant, avait rallié à elle plus de cinq
millions de suffrages. S'il arrivait qu'on qualifiât
d'amplification cet exposé, l'auteur répondrait
que la parole est une semence, qu'on ne sème
pas un grain pour récolter un grain, mais pour
récolter un épi, et que jamais on ne s'est plaint
que l'épi fut trop abondant.

L'EMPEREUR NAPOLÉON III

ET

LA FRANCE

I

L'amnistie sans restrictions et sans phrases, proclamée le 16 août 1859, est certainement un grand acte. D'où vient donc qu'elle n'ait pas produit tout l'effet qu'elle devait exercer? Se serait-elle fait trop longtemps attendre? Aurait-elle été tardive? Elle aurait pu, il est vrai, avoir lieu sept ans plus tôt, en août 1852, sans que la paix intérieure en fût ni plus menacée, ni plus troublée; mais ce n'est point parce qu'elle a eu lieu sept ans trop tard qu'elle a passé presque inaperçue, tandis que l'amnistie moins complète du 8 mai 1837 avait suffi pour rendre mémorable le ministère du 15 avril 1837, présidé par M. le comte Molé. Ce n'est pas non plus parce qu'elle a confondu ce qui devait rester distinct : les condamnations prononcées par les hautes cours de justice, les conseils de guerre et les commissions mixtes, condamnations qu'elle venait effacer, et les décrets du 9 janvier 1852, qui eussent dû être rapportés purement et simplement. Il faut en chercher la cause ailleurs. La vraie cause est dans le marasme des es-

prits, lequel a lui-même pour cause la décomposi-
tion, je ne dis pas des partis, je dis des opinions. Il y
a encore en France des partis, il n'y a plus d'opinions ;
ils n'en ont plus. La foi s'est éteinte en eux. Ils ne
croient plus et ils ne savent pas. Ils n'ont gardé que
la convoitise du pouvoir, et encore ne l'ont-ils gardée
que parce qu'ils s'abstiennent avec soin de se demander ce qu'ils feraient du pouvoir s'il arrivait qu'il leur
retombât dans les mains. Hélas ! qu'en feraient-ils ?
Les légitimistes entreprendraient-ils de rétablir le
droit d'aînesse, fondement de l'indivisibilité du sol,
à l'instar de l'indivisibilité du royaume, et essence de
toute noblesse héréditaire (1) ? Non ; ils ne l'oseraient
pas ! ils n'oseraient pas davantage rendre à la royauté
sa plénitude, son auréole. Eux-mêmes ne croient
plus au droit divin. Les légitimistes ne sont plus légitimistes que de nom. Les orléanistes rapporteraient-
ils de l'exil la Charte de 1830 et de Londres le gouvernement parlementaire ? Non ; car ils attribuent
leur chute à l'excès de liberté qu'ils s'accusent d'a-
voir laissé. Tel est leur aveuglement à cet égard, que
le reproche qu'ils s'adressent n'est pas de l'avoir trop
rognée, mais de ne l'avoir pas rognée assez. Adora-
teurs du fait accompli, la facilité avec laquelle s'est
opéré le coup d'Etat du 2 décembre a achevé de les
pervertir ; ils n'ont même plus le sens légal. Les orléanistes ne sont plus orléanistes que de nom. Les

---

(1) Pas de monarque, pas de noblesse ; pas de noblesse, pas de
monarque. MONTESQUIEU.

républicains, éclairés par deux expériences déci-
sives, abjureraient-ils l'erreur de la liberté par la
dictature pour se convertir, sans retour, à la liberté
par la liberté ? Non ; ils n'apprennent ni n'oublient.
Ils ne savent que proscrire. Même proscrits, ils ne
cessent pas d'être proscripteurs. Ils se proscrivent
entre eux. La proscription est la seule idée commune qu'ils aient. Autant de républicains, autant
d'idées différentes sur le rôle de l'Etat et le principe de l'Impôt. Dans les veines d'aucun d'eux il n'y
a une seule goutte du sang de Washington ou de
Jefferson. Les républicains ne sont républicains que
de nom. Les républicains ne sont pas républicains ; ils
ne l'ont jamais été ; plus que jamais ils seraient fort
embarrassés de l'être. Lorsqu'il en est ainsi, lorsque les légitimistes ne sont plus légitimistes, lorsque
les orléanistes ne sont plus orléanistes, lorsque les
républicains ne sont pas républicains, comment les
esprits rongés par la rouille du doute ne tombe-
raient-ils pas dans l'indifférence en matière de gouvernement ? Les gouvernements qui se succèdent se
ressemblant tous, quelle raison de préférer l'un à
l'autre ? Les révolutions et les guerres n'étant que
des avortements successifs, quel enthousiasme peu-
vent-elles inspirer ? De quel feu veut-on que la jeu-
nesse des Ecoles soit enflammée ? Elle n'a plus
d'idéal, soit qu'elle porte en avant ses regards, soit
qu'elle les plonge en arrière. Si son cœur ne bat
plus que lentement et pesamment ; si le mouvement
n'en est plus accéléré par aucune sympathie géné-

reuse, par aucune aspiration ardente, par aucune abnégation suprème; si, pour elle, enfin, la caducité a devancé la maturité, doit-on s'en étonner? La profondeur de l'abattement est toujours égale à la hauteur de la déception

Il y a marasme; c'est un fait. Or, le marasme n'est pas plus la stabilité que l'agitation n'est l'activité. Les esprits croupissent; comment les empêcher de croupir? Ils n'ont plus leur libre cours; comment le leur rendre?

II

Notre époque est visiblement une époque de transition; ce n'est plus la guerre et ce n'est pas encore la paix; ce n'est plus la rivalité et ce n'est pas encore la réciprocité; ce n'est plus l'autorité et ce n'est pas encore la liberté; ce n'est plus l'hérédité et ce n'est pas encore l'élection; ce n'est plus la foi et ce n'est pas encore la science; ce n'est plus l'aristocratie et ce n'est pas encore la démocratie; ce n'est plus le droit du seigneur et ce n'est pas encore le droit du travailleur; ce n'est plus le règne de l'oisiveté et ce n'est pas encore le règne de la capacité; ce n'est plus la domination des préjugés et ce n'est pas encore la domination des principes; ce n'est plus la politique traditionnelle et ce n'est pas encore la politique rationnelle; ce n'est plus la vieille société, le vieux monde, et ce n'est pas encore la société nouvelle, le monde nouveau pressenti et annoncé par de grands penseurs, prophètes de l'avenir! On ne peut pas reculer, on ne sait pas avancer; on craint autant de faire un pas en arrière que de faire un pas en avant. La confusion est partout, la logique n'est nulle part. A quel drapeau se rallier? A quelle cause se vouer? A quelles études s'appliquer? Où est la vérité? Où est l'erreur? Qui consulter? Qui suivre? Que penser? Que faire? L'anarchie n'est plus dans les rues, mais elle est dans les mots. Le vocabulaire politique est tout entier à refaire. Les mots n'ont plus de sens précis; ils n'ont plus de sens communément accepté; ils ne signifient plus ce qu'ils signifiaient ni ce qu'ils signifieront; non-seulement on discute sans se comprendre, mais on disserte sans savoir ce qu'on dit. Ainsi, après avoir fait révolution sur révolution, toujours au nom de la liberté, nul ne sait encore où elle commence, où elle finit. Il suffit pour s'en convaincre de demander à un légitimiste promettant la liberté, ce qu'il entend par cette promesse, et d'adresser successivement la même question à un orléaniste et à un républicain.

III

Cet état de marasme et de transition constitue une difficulté de gouvernement, dont gouvernants et gouvernés ne se rendent pas exactement compte, qui, déjà très grande, deviendra d'autant plus grande encore que le règne de l'empereur Napoléon III sera plus long.

Rien de plus facile à gouverner qu'un peuple qui résiste ; rien de plus difficile à gouverner qu'un peuple qui s'ennuie ; l'ennui est insatiable. Contre un peuple qui résiste il y a la force, il suffit de le vaincre ; mais quand un peuple ne résiste pas ou qu'il ne résiste plus, il faut le conduire, il faut avoir la vigilance qu'il n'a pas, l'initiative qu'il n'a plus, surtout si ce peuple s'est désaltéré à longs traits à la source de la vie publique ; s'il a eu les émotions de trois révolutions en soixante ans ; s'il a été, ne fût-ce qu'un instant, en pleine possession de lui-même ; s'il a joui de l'entière liberté de la parole et de la presse, et s'il a plongé le regard au fond des problèmes de sa destinée. Alors la responsabilité croît en raison inverse de la résistance. Résistance nulle, responsabilité absolue. Et pas le moindre prétexte pour couvrir la nudité de son impuissance !

Le marasme a cela de particulier que tout ce qu'on tente pour le combattre a pour effet de l'accroître. Par exemple, essaye-t-on d'en sortir par la guerre (1),

____

(1) « Ce pays-ci ne peut pas plus se passer de raisonnement et d'esprit qu'il ne peut se passer d'air ; *je le distrais par des batailles gagnées*, mais il faut aboutir ; il faut pourvoir à l'entretien moral d'un grand peuple, savant, industrieux, frondeur quoique soumis.

» La plus grande faute qu'un homme pourrait faire, ce serait de le lendemain de la conclusion de la paix il est plus grand. Le marasme est comme l'abîme que rien ne comble : il engloutit tout ce qu'on lui jette. Un gouvernement n'a pas d'ennemi plus redoutable ; il n'a qu'un moyen d'y échapper ; c'est de dégager, avant qu'il soit trop tard, sa responsabilité ; c'est de retirer à la *puissance indivisible* tout ce qu'il est possible de restituer à la *puissance individuelle*. Quand on joue sur la terre le rôle de providence, il est prudent d'habiter les cieux.

IV

Il ne sert à rien de s'abuser ! l'empereur Napoléon III, après sept années de règne, rendît-il à la liberté sa plénitude comme il vient de rendre aux exilés leur patrie, que ce second acte, également sans périls, ne produirait pas plus d'effet que le premier. A peine y aurait-il quelques mois d'effervescence se traduisant par quelques motions fougueuses très vite rebattues, par quelques journaux acérés très vite émoussés. La liberté ne tarderait pas à prendre son niveau, et dès qu'elle y aurait creusé son lit elle

vouloir gouverner, en dehors des lumières du temps, cette nation, la plus intelligente de la terre. »

(NAPOLÉON Ier au comte de Narbonne, 1812.)

coulerait aussi paisiblement en France qu'elle coule en Angleterre et en Belgique. Plus l'eau est profonde, moins elle est corruptible, a dit Aristote : ce qui est vrai pour l'eau n'est pas moins vrai pour la liberté. Par liberté, je n'entends pas seulement la liberté de la presse et la liberté de réunion, j'entends encore, et comme dérivation nécessaire à ces deux libertés que je viens de nommer, la liberté des conventions, la liberté des professions, la liberté de production, la liberté de consommation, la liberté de circulation. Plus d'immixtion de la loi dans les actes impliquant pour l'Etat une responsabilité qu'il n'a aucune raison d'assumer ! Plus de monopoles, car il n'en est pas un seul qui ne dégénère en solidarité et que l'Etat ait intérêt à conserver ! Plus de barrières qui, intérieurement sous le nom d'octrois, et extérieurement sous le nom de douanes, font considérer l'Etat comme un ennemi par tous ceux à qui il fait l'injure de les fouiller après les avoir interrogés pour ne pas les croire ! Alors pourquoi les interroger avant de les fouiller ? Pourquoi ajouter une insulte à une perquisition ? Mais surtout pourquoi faire jouer à l'Etat un si triste rôle ? Il semble que l'Etat sous tous les régimes, en France, n'ait qu'un but : se faire maudire et détester, quand il ne devrait s'appliquer, au contraire, qu'à s'effacer et à se faire oublier.

Encore une grande erreur, c'est de croire que la liberté des échanges serait une révolution économique. Cette liberté tromperait à la fois et les crain-

tes des protectionnistes et les espérances des libre-
échangistes ; elle ne profiterait qu'à l'Etat dont elle
déchargerait la responsabilité et faciliterait la tâche :
avec la liberté des échanges, plus de traités, plus de
tarifs ! Elle ne nuirait qu'à la guerre qu'elle achève-
rait de rendre moins facile et plus bête. Les change-
ments qu'elle apporterait seraient insensibles. Si l'on
en excepte la fabrication à laquelle donne lieu la production du coton, fabrication où la main-d'œuvre
joue un si faible rôle, où la matière première entre
pour une mince valeur, partout, en Europe, la production se laisse devancer par la consommation. Le
taux des salaires, le prix des denrées alimentaires,
des combustibles et des métaux, en sont la preuve.
La grève qui se traduit par une demande d'augmentation de salaire est une loi économique qu'il suffit
de ne pas violer pour qu'elle joue le rôle d'assurance
mutuelle entre les travailleurs de pays différents, et
les protége tous alternativement avec une efficacité
suffisante. Que l'entière réciprocité des échanges ait
lieu, et partout l'augmentation du salaire balancera
pour le moins la suppression du tarif ! Conséquemm-
ment les prix d'achat et de vente resteront les mêmes sur tous les grands marchés rivaux. On oublie
trop que le nombre des travailleurs est limité, et que
les industries où la machine remplace l'homme sont
l'exception. Et, comme toujours, on prend l'exception pour la règle.

Pas plus que les autres libertés, la liberté d'é-
change ne doit faire reculer qui la regarde en face.

Elle aussi n'est qu'un fantôme qui prouve que ceux qu'elle.effraye sont encore des enfants.

Le jour où l'empereur Napoléon III entrerait dans cette voie, je ne dis pas qu'il y gagnât momentanément en popularité, je dis seulement qu'il y gagnerait considérablement en irresponsabilité.

Irresponsabilité du pouvoir ! tel est le but que l'empereur Napoléon III devrait se proposer ; tel est le but que l'engagerait à poursuivre un ministre qui mériterait que l'histoire lui fît l'honneur de l'appeler le continuateur de Turgot. Le souverain qui s'appliquerait ainsi à gouverner de moins en moins la France (1), ne tarderait pas à gouverner l'Europe. Il écraserait, dans leur œuf, toutes les dictatures révolutionnaires aux aguets d'une faute, d'un revers, d'une défaillance, d'une mort ! Il donnerait à la fois des racines et des branches à sa dynastie, car il trancherait le débat entre la monarchie et la république, en faisant perdre à la question toute son importance. Comme il est vrai que la suppression des douanes causerait moins de perturbation, même momentanément, qu'un remaniement de tarifs, parce que le nœud des *matières ouvrées* se dénouerait tout simplement par l'affranchissement des *matières premières*, il serait également vrai que la restitution simultanée de toutes les libertés offrirait moins de

---

(1) « C'est un grand défaut, dans un gouvernement, que de vouloir être trop père ; à force de sollicitude, il ruine à la fois la liberté et la propriété. »

(NAPOLÉON Ier. Législation des mines. Locré.)

périls, aurait moins d'inconvénients qu'une restitution successive de ces mèmes libertés. Une hypothèse va rendre ma pensée plus saisissable : je suppose que l'empereur Napoléon III ne veuille pas qu'il soit dit que le pays où le suffrage universel a laissé loin derrière lui l'Angleterre et la Belgique, même les Etats-Unis, est resté en arrière d'eux en matière de liberté de presse ; je suppose qu'il supprime tout ce qui restreint cette liberté, tout ce qui la dénature, tout ce qui la fait dégénérer en privilége et en monopole, si cette liberté demeure isolée, il est probable que par routine elle se vouera exclusivement à l'examen minutieux des actes du pouvoir ; je suppose, au contraire, qu'ayant reconnu que c'est une erreur de prendre la partie pour le tout et de vouloir diviser ce qui, de sa nature, est indivisible, l'empereur Napoléon III fasse de la liberté le principe nouveau de son gouvernement ; je suppose qu'il veuille faire porter simultanément à ce principe toutes ses conséquences, qu'arriverait-il ? Il arriverait que le pouvoir, cette proie de la presse affamée, serait lâché par elle pour courir à la défense des intérêts aux prises qui la solliciteraient en sens contraire ; le débat ne serait plus éternellement et étroitement entre elle et lui, débat terre à terre, débat mesquin et taquin de journaliste à fonctionnaire, il serait forcé de se déplacer, de s'élargir, de s'élever. Que de hautes questions soulèverait la liberté ainsi comprise ! Or, toute question a, pour le moins, deux côtés. Ce sont ces deux côtés qui par-

tageraient en deux camps les journaux. Pendant que
les intérêts ennemis se feraient la guerre, intérêt
général contre intérêt privé, intérêt clairvoyant contre intérêt aveugle, journal contre journal, vrai contre faux, progrès contre routine, principes contre
expédients, réciprocité contre rivalité, libre-échan-
gistes contre protectionnistes, droit commun contre
monopole, l'Etat jouirait de la paix dont jouissent les
neutres. En effet, c'est à la neutralité de l'Etat qu'a-
boutit l'indivisibilité de la liberté.

V

L'Etat ne protège pas, il paralyse ; alors même
qu'il paraît encourager il décourage ; l'Etat aurait
donc tout profit à rester neutre. Ce que la neutralité lui ferait perdre en puissance, plus apparente
que réelle, elle le lui ferait regagner et au-delà en
richesse infinie ; car la richesse multipliée par la liberté croît en proportion géométrique. Et maintenant la vraie puissance des Etats, c'est la richesse.

La richesse publique, c'est la puissance moderne ;
au lieu de la puissance de l'Etat sur les hommes,
c'est la puissance de l'Etat sur les choses ; c'est la
puissance qui tire des entrailles de la terre les tré-
sors que son avarice y cachait ; qui, par des routes,
met en valeur des forêts séculaires qui n'en avaient

aucune, faute de débouchés ; qui, par des canaux, porte la houille des points où elle abonde sur les points où elle manque ; qui, par des tunnels perforant les montagnes, par des viaducs nivelant les collines, par des ponts couvrant les fleuves et les rivières, multiplie entre peuples, grâce aux chemins de fer, les rapports par les besoins, et annulle à jamais les risques, autrefois si fréquents et si graves, de disette et de famine, en même temps qu'elle éteint les haines de nation à nation ; qui creuse les ports, les agrandit, les abrite, leur donne la sûreté et l'espace réclamés par le nombre toujours grossissant et la dimension toujours grandissante des navires, portant avec eux la civilisation sur tous les points du globe baignés par une mer ; qui assainit les villes qu'elle renouvelle et les campagnes qu'elle draine ; c'est, enfin, la puissance qui, opposant aux obstacles les millions, au lieu d'asservir l'humanité par la guerre, asservit la nature par la science.

La puissance sur les hommes étant aussi étroitement bornée que la puissance sur les choses est étendue, l'Etat n'a donc rien à perdre à abandonner la première pour la seconde. Qu'il soit le plus riche, il sera le plus fort ! Le moyen le plus sûr et le plus simple d'être le plus vite, à population égale, l'Etat le plus riche, c'est d'être l'Etat le plus libre. Les Etats-Unis, l'Angleterre et la Belgique en sont trois fois la preuve.

VI

Cette politique serait la seule, en France, qui ne
fût pas usée, la seule qui ne fût pas périlleuse, la
seule qui fût neuve. Toute autre politique, le passé
est là pour l'attester, conduit inévitablement ou de
la compression à l'explosion, et de la révolution à
la dictature, ou de la paix stagnante à la paix troublée, et de la paix troublée à la coalition armée.

Il serait temps de sortir de l'ornière où monarchie et république ont alternativement versé à deux
reprises. L'ornière, c'est de considérer la liberté
comme une concession, au lieu de la considérer
comme une restitution; c'est de la considérer
comme un amoindrissement de pouvoir, au lieu de
la considérer comme un levier de gouvernement.

La liberté restituée, c'est la responsabilité déna-
tionalisée et individualisée; c'est la neutralité de
l'Etat; c'est l'Etat n'intervenant plus que pour empêcher les intérêts contraires et les opinions oppo-
sées de retourner jamais de la discussion aux voies
de fait, de la civilisation à la barbarie; c'est la force
changée en richesse ; c'est le monde politique trans-
formé en monde économique.

Le monde politique est *gouverné* par des lois, que
pour ne pas appeler arbitraires, ce qui serait leur

vrai nom, on a appelées positives. Le monde économique *se gouverne* par des principes que l'expérience
rectifie s'ils sont faux, et confirme s'ils sont jus-
tes. Le monde politique, c'est le vieux monde, c'est
le passé; le monde économique, c'est le monde
nouveau, c'est l'avenir. Il dépendrait de Napoléon III d'être l'empereur de cet empire nouveau,
de cet empire sans frontières qui le bornent, sans
comparaisons qui le rapetissent!

Qu'aurait-il à y perdre? — Rien.

Qu'aurait-il à y gagner? — Tout.

N'y gagnât-il que l'irresponsabilité du pouvoir par
la neutralité de l'Etat, qu'au point de vue de l'hérédité de sa dynastie, ce serait déjà beaucoup.

Le gouvernement constitutionnel est la transition entre le gouvernement traditionnel et le gouvernement rationnel.

Si l'hérédité est compatible avec le gouvernement
constitutionnel, en quoi ne le serait-elle pas avec le
gouvernement rationnel? Le gouvernement rationnel, ce n'est pas la souveraineté du peuple se dé-
léguant par impossibilité de s'exercer, c'est la séparation naturelle du pouvoir individuel et du pouvoir
indivisible; c'est le pouvoir indivisible étant au pouvoir individuel ce que deux lignes parallèles sont
l'une à l'autre, ce que la propriété publique est à la
propriété privée, ce que la rue et la route, qui appartiennent à tous, sont à la maison et au champ
qui appartiennent à un

Le pouvoir indivisible n'étant plus que l'administration de la chose essentiellement impersonnelle et nécessairement indivise, de la *chose publique* : où serait le grave inconvénient, où serait le grand danger que le pouvoir indivisible fût héréditaire au lieu d'être temporaire? Je conviens qu'il serait plus rationnel qu'au lieu de se transmettre il se méritât; mais on conviendra aussi que l'élection n'est pas toujours sans inconvénients et sans dangers.

L'hérédité et l'élection ont chacune des avantages qui leur sont propres, et qui peuvent se combiner comme le mouvement de la roue se combine avec l'immobilité de l'essieu.

Puisque la propriété privée est héréditaire, pourquoi la propriété publique personnalisée ne le serait-elle pas?

Entre un petit inconvénient et un grand avantage, serait-il sage d'hésiter? Serait-il sage de sacrifier le second au premier? Ne serait-ce pas un grand avantage que d'accomplir un pareil progrès sans commotion populaire qui le dénature, qui le compromette, qui le change en excès? Le progrès est à la révolution ce que l'idée qui remplace sans détruire est à la force qui détruit sans remplacer. Tout progrès est toujours une transformation. Toute révolution n'est jamais qu'une double réaction en sens contraires, l'une ramenant ce que l'autre avait chassé, l'autre niant ce que l'autre avait affirmé. D'une affirmation suivie d'une négation, que reste-t-il?

En se donnant à lui-même une Constitution, qu'il s'est heureusement pour lui réservé le droit et le moyen de réviser à son gré, l'Empereur Napoléon III s'est déclaré seul responsable et responsable de tout ; mais maintenant que sept années de règne lui ont montré : que le pouvoir le plus illimité en nom était étroitement limité en fait ; que l'omnipotence décrétée n'était le plus souvent que l'impuissance constatée ; que la responsabilité croissait toujours en progression géométrique, tandis que l'autorité ne croissait jamais qu'en progression arithmétique, il doit tarder à l'Empereur Napoléon III de se rendre de moins en moins responsable, il doit lui tarder de ne l'être plus que de l'ordre matériel et de la fortune publique. Il règne et gouverne, il doit désirer de ne plus gouverner et seulement de régner ; il doit surtout le désirer toutes les fois qu'il regarde le berceau de son fils, et qu'il interroge l'avenir l'histoire à la main !

VII

Tout ce que l'empereur Napoléon III a entrepris de hardi lui a réussi et l'a grandi ; ce qui lui a réussi le moins, c'est la prudence. Donc, la prudence, ce chemin battu des ministres menés par leurs bureaux, n'est pas sa voie. L'inspiration le sert mieux que la réflexion. Il gagne à se passer de conseils. Son pro-

mier mouvement est le bon et toujours il le suivrait
s'il n'en était parfois détourné par des difficultés
qu'on exagère ou des dangers qu'on suppose. Les
bras manquent à la tête pour exécuter ce qu'elle a
conçu. Quand elle n'hésite plus, ils hésitent encore,
ils hésitent toujours. Certes, l'amnistie ne se fût pas
fait attendre sept années si les petites considérations,
cet éternel tombeau des grandes choses, n'étaient
pas toujours venu jeter leur froid sépulcral sur
l'initiative impériale. Où la liberté n'existe pas,
comment savoir la vérité, comment savoir par
exemple dans quelle mesure est vrai le rapport qu'on
lit? Où le commis n'a pas de contradicteur, c'est lui
qui est le souverain, c'est lui qui gouverne. Avec la
vaillance de spontanéité attestée par plusieurs de ses
actes (1), avec le cachet d'individualité dont ses dis-
cours sont marqués, nul, en France, plus que l'empereur Napoléon III n'aurait à gagner à l'avénement
de la liberté. De tous les Français c'est le moins libre,
car c'est celui qui est le plus souvent arrêté dans ses
élans. Il a montré que la liberté de la presse la plus
entière ne lui causait absolument aucune frayeur; il
l'a montré dans la circonstance la plus solennelle et

---

(1) La mise en liberté d'Abd-el-Kader, dont la détention en France,
au mépris de la parole donnée et ratifiée, était le honteux pendant
de ce qui restera la tache ineffaçable de l'Angleterre : la détention
à Sainte-Hélène de l'hôte du *Bellérophon;* celle de M Cavaignac;
celle de M. Guinard; celle de M. Barbès; l'ordre donné à la flotte
française, le 5 juin 1853, etc.

la plus grave, six jours avant que le scrutin du 21 novembre 1852 prononçât sur le remplacement de la République par l'Empire, en faisant insérer au *Moniteur* du 15 novembre et reproduire par tous les journaux de France les quatre protestations datées de Frohsdorf, de Londres et de Jersey, la première de ces proclamations signée : *Henri ;* la seconde, signée : *le Comité révolutionnaire ;* la troisième, signée : *la Société-la Révolution* ; la quatrième, signée : *Victor Hugo, Fonbertaux, Philippe Faure*; il l'a montré en transformant ainsi dix millions d'électeurs en dix millions de jurés et les constituant juges suprème de l'accusation rendue publique sans autre réfutation que ces seuls mots : « Toutes ces pièces sont dé-» sormais connues du pays; son bon sens et son » patriotisme en feront justice. » Il vient de le montrer encore en livrant à la publicité les réponses faites par MM. Louis Blanc, Victor Hugo, Proudhon et Félix Pyat, à l'amnistie du 16 août 1859, et en laissant reproduire, en France, l'injurieuse correspondance datée de Modène les 9 et 11 septembre 1855 et signée François V. La liberté de la presse, la liberté de l'accusation, la liberté de l'offense ne pouvant aller plus loin que dans les quatre proclamations de 1852 qui viennent d'être rappelées, comment cette épreuve décisive osée par l'Empereur n'a-t-elle pas converti ses ministres? Comment se sont-ils arrêté après cette démonstration de l'impuissance des journaux par le scrutin du 20 novembre 1852, démonstration aussi concluante que celle du mouvement par le mouvement? Sa parole est obéie, mais sa pensée n'est pas saisie; et de la pensée à la parole il peut exister une distance si grande ! Il en est souvent des ordres exécutés comme des livres traduits. Que de fois être obéi, c'est être trahi ! Que de choses on oserait et qu'on n'ose pas, qu'on entreprendrait et qu'on n'entreprend pas avec des auxiliaires à qui il faut tout expliquer jusqu'au mobile secret, souvent petit, d'une grande action. Nul ne saurait contester qu'ayant un pouvoir sans contrepoids et sans autre frein que la volonté du souverain, l'empereur Napoléon III n'en use avec une modération qui en a été la force et qui en sera la durée. Heureusement, il est de son siècle et de son pays, mais son siècle, en France, aurait pu s'appeler et pourrait s'appeler encore : le Siècle de Napoléon III.

— Comment?

— En prenant, non pas Colbert, mais Turgot pour ministre ; en renversant ces paroles mémorables de Louis XIV : *l'État c'est moi !* et disant aux Français : *l'État c'est vous !*

VIII

L'*État c'est vous !* c'est-à-dire, ne comptez plus sur lui comme tuteur vous enseignant ce que vous de-

vez apprendre, réglementant ce que vous pouvez
dire, surveillant ce qu'il vous prescrit ou ce qu'il
vous interdit de faire, intervenant dans votre ma-
riage, fixant votre part d'héritage, substituant sa
volonté à celle du testateur, ne vous nommant
plus boucher, mais vous nommant boulanger ; ne
vous nommant pas architecte, mais vous nommant
ingénieur ; ne vous nommant pas banquier, mais
vous nommant agent de change ; ne vous nommant pas statuaire, mais vous nommant notaire ;
ne vous nommant pas acteur, mais vous nommant avoué ; ne vous nommant pas peintre, mais
vous nommant huissier ; ne vous nommant pas cui-
sinier, mais vous nommant libraire ; ne vous nommant pas armateur, mais vous nommant imprimeur ;
ne vous nommant pas cordonnier, mais vous nommant courtier, etc., etc. ; trop longtemps, sans qu'on
sache et sans qu'on puisse dire pourquoi, l'État a eu
deux poids et deux mesures pour les professions,
trop longtemps il a encouragé ceux qu'il aurait
dû décourager et découragé ainsi ceux qui ne de-
mandaient d'encouragement qu'à eux-mêmes et à
eux seuls ; trop longtemps il a été le port de refuge
de toutes les nullités ; trop longtemps, sous le titre
de lois positives, il a faussé les lois humaines, les
véritables lois, celles qui ne dérivent pas de la société, mais dont la société dérive ; trop longtemps
il n'a été que la guerre organisée, le meurtre en-
seigné, le vol glorifié, la mortalité accrue ; il est
temps qu'il soit l'assurance constituée, le péril di-

iminué, le désastre réparé, la mortalité combattue ; désormais l'État ne sera plus qu'une assurance nationale contre des risques spécifiés, risques tendant par le progrès même de la civilisation à devenir de plus en plus faibles, nécessitant conséquemment une prime de moins en moins forte.

L'Etat c'est vous ! c'est-à-dire, plus de religion d'Etat, chaque communion entretiendra son culte ; payeront ceux qui croiront ; aucun clergé ne sera plus à la solde du gouvernement, le gouvernement ne sera plus dans la dépendance d'aucun clergé ; la loi ne sera plus athée, elle sera neutre ; conséquemment la puissance temporelle du pape se maintiendra, se restreindra ou s'écroulera sans que le gouvernement français ait désormais à prendre parti pour elle contre les Etats romains ; si elle s'écroule, le saint Père, quoiqu'il ait cessé d'être le pontife souverain, n'en restera pas moins le chef de la communion catholique avec un budget auquel il sera pourvu par celle-ci dans la mesure de sa foi et selon le meilleur mode de contribution volontaire qu'elle aura trouvé.

L'Etat c'est vous ! c'est-à-dire, plus d'enseignement d'Etat ; chaque université se suffisant à elle-même : payeront ceux qui apprendront ; conséquemment, le plus grand nombre n'apprendra plus que ce qu'il lui sera utile de savoir. Alors l'enseignement se diversifiera selon les besoins et s'élèvera selon les vocations.

· *L'Etat c'est vous !* c'est-à-dire, plus de justice d'E-

tat, élection des juges par les justiciables; conséquemment, indépendance des premiers et garantie
des seconds.

L'*Etat c'est vous!* c'est-à-dire, plus de guerres de
succession, plus de guerres de religion, plus de
guerres d'intervention, plus de guerres d'ambition;
conséquemment, plus d'autre armée de terre et de
mer que le contingent proportionnel au risque de
guerre, ainsi réduit et pouvant se réduire encore.

L'*Etat c'est vous!* c'est-à-dire, plus de morcelle-
ment de l'Etat en départements et en arrondisse-
ments, complication déguisée sous le nom de centralisation; conséquemment, constitution et indépendance de la commune, seule unité territoriale
renfermant en elle le pouvoir de résoudre le pro-
blème de l'extinction du paupérisme.

L'*État, c'est vous!* C'est-à-dire, plus d'états-gé-
néraux, de parlements, d'Assemblées constituantes,
d'Assemblées législatives, de chambre des pairs, de
chambre des députés, etc., se succédant sans fin
pour aboutir à la même instabilité; conséquemment
plus de lois arbitraires, plus de budgets fictifs, plus
d'impôts forcés.

L'*État, c'est vous!* C'est-à-dire, en résumé, la dynastie ne sera plus à la nation que ce qu'est à la
terre l'axe sur lequel elle se meut.

IX

Il y a, en matière de gouvernement, trois écoles :

Premièrement, l'école de ceux qui veulent que l'État fasse *tout ;*

Deuxièmement, l'école de ceux qui veulent que l'État ne fasse *rien ;*

Troisièmement, l'école mixte, qui a la prétention d'être la seule dans le vrai, parce qu'elle tient le milieu entre les deux extrèmes, comme s'il y avait un milieu entre le vrai et le faux !

Tyrannie : est le mot qui résume la première.

Chimère : est le mot qui résume la seconde.

Impuissance : est le mot qui résume la troisième.

Le vrai n'est donc avec aucune des trois. Où est-il ? Il est dans la séparation marquée par la nature des choses entre ce qui est essentiellement indivisible et ce qui est essentiellement individuel.

Est individuel tout ce qui est divisible.

Est indivisible tout ce qui cesse d'exister par la division.

Dans l'orbite tracé par l'indivisible, l'État doit faire *tout ;* hors de cet orbite, il ne doit faire *rien,* sous peine d'être incessamment tiraillé en deux sens contraires, accusé par les uns de faire *trop,* accusé par les autres de ne pas faire *assez.*

La puissance indivisible portée, selon les temps et les pays, à sa plus haute expression : voilà l'État !

La puissance individuelle également portée, selon les temps et les pays, à sa plus haute expression : voilà la Liberté !

La loi de ces deux puissances est la même qui ne permet pas à deux lignes parallèles de se rencontrer sans se rompre et sans changer de nature et de nom ; il suffit d'observer cette loi pour n'avoir plus à redouter le choc d'aucune révolution.

De ce que deux lignes parallèles ne peuvent se rencontrer, s'ensuit-il qu'elles ne peuvent coexister ? C'est là une question dont il n'est pas même nécessaire de chercher la solution dans un traité de géométrie ; il n'y a qu'à prendre une feuille de papier et un bout de crayon.

La séparation de la *puissance temporelle* et de la *puissance spirituelle* a été le premier pas du gouvernement français cherchant sa route ; la séparation de la *puissance législative* et de la *puissance exécutive* a été le second pas ; la séparation de la *puissance indivisible* et de la *puissance individuelle* sera le troisième et le dernier, car il touche au but.

La première de ces trois séparations marque l'ère du gouvernement traditionnel ; la seconde marque l'ère du gouvernement constitutionnel ; la troisième marque l'ère du gouvernement rationnel. Qui l'ouvrira, délivrera les peuples et sauvera les rois. Patience ! Où déja le suffrage universel existe, le gouvernement rationnel ne saurait longtemps se faire attendre ; celui-ci est à celui-là ce que le faîte est à la base.

Cette distinction fondamentale entre la puissance indivisible et la puissance individuelle, distinction qui aboutit au gouvernement rationnel, ne sera admise ni par le parti qui rêve l'exhumation du gouvernement traditionnel, ni par le parti qui souhaite le retour du gouvernement constitutionnel ; je le crois bien ; car si elle prévalait, ils n'auraient plus aucune raison de subsister. Mais ce devrait être un motif de plus pour qu'elle fût adoptée, après débat sérieux et examen approfondi, par l'empereur Napoléon III.

Contre le gouvernement rationnel, que pourraient objecter, à haute voix, les légitimistes? L'hérédité ! — Elle existerait.

Contre le gouvernement rationnel, que pourraient objecter, autrement qu'à voix basse, les orléanistes? La liberté !—Elle existerait.

Contre le gouvernement rationnel, que pourraient objecter les républicains? Ce qu'ils ont toujours promis sans pouvoir jamais le donner ! —La France le tiendrait.

Au nom de qui, au nom de quoi, une révolution pourrait-elle donc encore s'allumer ?

Qu'est-ce que le peuple aurait à y gagner ?—Rien.

Qu'est-ce qu'il aurait à y perdre ?—Tout.

Le gouvernement rationnel serait donc à la fois de tous les gouvernements le plus simple et le plus fort. Il serait le seul qui pût achever de dissoudre entièrement les partis en France. Ajourner la liberté, c'est les perpétuer ; la leur donner, ce serait les éteindre. Pauvres partis ! qu'en feraient-ils ? qu'en pourraient-ils faire ? Comment s'y prendraient-ils pour en abuser ? Abuser de la liberté, est-ce donc une chose si facile ? C'est ce que je nie hautement. Les Français ne sont pas en possession de la liberté qui est la somme de toutes les libertés partielles ; mais il est plusieurs libertés partielles dont ils sont en pleine possession. Voit-on qu'ils en abusent ? Ils ont la liberté qu'autrefois ils n'avaient pas de changer de religion : voit-on qu'ils en abusent ? Ils ont également la liberté, qu'autrefois ils n'avaient pas, de changer de profession : voit-on qu'ils en abusent ? Ils ont la liberté, qu'autrefois tous n'avaient pas, de vendre leurs propriétés et d'aller s'établir à l'étranger : voit-on qu'ils en abusent ? Ils ont la liberté, qu'autrefois tous n'avaient pas, de changer de résidence : voit-on qu'ils en abusent ? Ils ont depuis 1852 la liberté de roulage qu'ils n'avaient pas : voit-on qu'ils en abusent pour défoncer les routes ? Ils ont depuis un an la liberté de la boucherie qu'ils n'avaient pas : voit-on qu'ils en abusent pour affamer ou empoisonner Paris ? Ils ont la liberté de se soustraire, dans la mesure de la quotité disponible, à la loi qui prescrit l'égalité des partages entre les enfants : voit-on qu'ils en abusent pour rétablir l'inégalité ? Ils ont la liberté de suffrage la plus entière qui ait jamais existé en aucun temps et dans aucun pays : a-t-on vu qu'ils en aient abusé les 28 avril et 10 décembre 1848, le 13 mai 1849, le 20 décembre 1851, les 29 février et 20 novembre 1852, le 21 juin 1857, pour faire régner la menace et la violence? Ils ont eu la liberté de la presse et la liberté de réunion : a-t-on vu qu'ils en aient fait un usage plus immodéré qu'en Angleterre et aux Etats-Unis? Trois révolutions ont eu lieu en France : ont-elles eu pour cause l'abus de ces deux libertés? Pour qu'il y eût abus, il eut fallu qu'elles existassent Est-ce que la liberté de la presse et la liberté de réunion existaient en mai 1789? Est-ce qu'elles existaient en juillet 1830 ? Est-ce qu'en février 1848 la liberté de réunion limitée à vingt personnes par l'article 291 du Code pénal, aggravé par la loi du 10 avril 1834, existait, est-ce que la liberté de la presse ne portait pas depuis treize ans le bâillon des lois de septembre 1835 ? Ne se trouvera-t-il donc pas, en France, un homme d'Etat qui comprenne enfin qu'il n'y a qu'une manière de déshabituer les Français de se battre contre eux, c'est de les habituer à discuter entre eux ; que l'habitude des discussions est à l'habitude des révolutions ce que la soupape est à la vapeur? Qu'on supprime cette soupape, en Angleterre, et l'on ne tardera pas à y voir couver des révolutions sans nombre et sans fin ! C'est à la liberté de la presse, c'est à la liberté de réunion que la Grande-Bretagne doit de s'être déshabituée de la guerre civile et des guerres religieuses qui l'ont ensanglantée si longtemps. En effet, rien de plus opposé à l'esprit de révolution que l'esprit de discussion, comme rien de plus opposé à la condensation que l'évaporation ; donc, rien de moins révolutionnaires que la liberté de la presse et que la liberté de réunion.

Objectera-t-on qu'on ne saurait comparer la France où le recrutement est forcé et où la centralisation est toute puissante, avec l'Angleterre où l'enrôlement est volontaire et où la centralisation est nulle ? Si cette objection était faite, il y aurait à répondre que la liberté de discussion, qui préserve des révolutions comme la vaccine préserve de la variole, vaut bien qu'on renonce à la centralisation administrative qui met la France à la merci de Paris et qu'on change la loi du recrutement qui libère chaque année cent mille Français après les avoir dressés pendant sept ans au goût de la bataille, à la volupté du péril, au mépris de la mort. Si les Français excellent dans l'art de faire des barricades, si la guerre civile est pour eux un plaisir de peuple, comme la guerre extérieure est un plaisir de roi, si, la veille et le lendemain du combat, la liberté n'est pour eux qu'un mot d'ordre et qu'un mot de passe, rien de plus, à qui la faute ? La faute n'en est-elle pas moins à eux qu'à l'éducation militaire et batailleuse qui leur est donnée ? Le gouvernement récolte ce qu'il a semé, et quand c'est lui qui devrait s'accuser, c'est la liberté qu'il inculpe, comme dans l'obscurité les enfants s'en prennent à un fantôme de la frayeur qu'ils ont eue.

Marchander, comme on le fait, la liberté aux

Français, c'est leur donner à croire qu'elle a une puissance et des vertus souveraines dont il n'est pas vrai qu'elle soit douée. Le moyen de les détromper s'indique de lui-même : il n'y a qu'à ne plus prendre désormais le remède pour le mal.

Qu'arrive-t-il du régime sous lequel la presse est placée en France? Empêche-t-il les journaux anglais de traduire chaque matin à leur barre le gouvernement français? Met-il l'empereur Napoléon III à l'abri de l'humour britannique? Empêche-t-il les journaux allemands de rivaliser de violence et de verve avec les journaux anglais? Empêche-t-il de circuler à l'extérieur les livres dont l'entrée en France est interdite? Cette interdiction, loin de leur nuire, leur profite, car ils circulent sans réfutation et sèment sans contradicteurs l'amplification, l'erreur, la calomnie. Aussi, dès qu'on sort de France, est-on frappé d'étonnement en voyant avec quelle crédulité opiniâtre l'opinion faussée accueille à l'étranger les exagérations les plus évidentes, les versions les moins vraisemblables sur l'oppression et la terreur qu'on suppose y régner. L'exagération va si loin que le sentiment que les Français inspirent est celui de la compassion la plus humiliante, et que, s'ils essayent de s'y soustraire en rétablissant la vérité, l'étranger s'imagine que c'est l'orgueil national, et non la vérité, qui parle en eux. C'est en vain que le *Moniteur universel* saisit toutes les occasions de répéter que les journaux français ne sont assujétis à aucune censure préalable ; on n'y croit pas, mais l'on croit que, s'ils ne donnent pas de démentis à l'assertion réitérée du *Moniteur universel*, c'est précisément parce qu'il y a une censure qui les en empêche. Il ne saurait être indifférent à l'empereur Napoléon III qu'une pareille opinion s'enracinât extérieurement, car il y a un jour, on l'a vu en 1814 et 1815, où l'extérieur réagit sur l'intérieur. La preuve que l'empereur Napoléon III le comprend, c'est que son gouvernement s'efforce de la combattre ; s'il n'y réussit pas, c'est que la liberté ne se prouve que par la liberté, comme le mouvement ne se démontre que par le mouvement, comme l'évidence ne se fait que par l'évidence. Il ne suffit pas de déclarer qu'une certaine liberté existe en France. Rendre la liberté au dedans est l'unique moyen de rétablir la vérité au dehors.

Attaqué comme il l'a été, attaqué comme il l'est encore par la presse étrangère, l'empereur Napoléon III n'a qu'à gagner à la restitution de la liberté et au rétablissement de la vérité.

X

Mais se borner à replacer, en France, la presse périodique sous le régime antérieur au décret organique du 17 janvier 1852 ou à la révolution du 24 février 1848, ne serait qu'une demi-mesure qui ne profiterait qu'aux partis et qu'aux journaux qui la réclament. Ce régime est un régime jugé ; il est la féodalité de la presse, il n'en est pas la liberté. Cent journaux qui vivent, qui languissent, qui meurent, qui renaissent, qui se contredisent les uns les autres ou qui se dédisent, exercent cent fois, mille fois moins d'influence qu'un seul journal comme le *Times*, qui règne presque exclusivement, grâce aux lois fiscales qui l'ont si longtemps préservé de toutes concurrences. Donc il serait de l'intérêt du gouvernement de supprimer tout ce qui fait obstacle à la fondation et à la publication d'un journal. Ni cautionnement, ni timbre ; ni lois préventives, ni lois répressives. Tout ce qu'il est possible de dire en faveur de la presse restreinte a été dit en faveur du suffrage restreint ; ce qui n'a pas empêché l'empereur Napoléon III de revenir du suffrage restreint au suffrage universel. L'empereur Napoléon III a-t-il eu tort ? Le suffrage universel a-t-il trompé, en décembre 1851 et en novembre 1852, la confiance qu'il lui avait rendue ? L'entière liberté de la presse ne serait fatale qu'aux partis déchus et qu'aux idées fausses. Les petites coteries le savent bien : aussi n'en veulent-elles pas. A qui elle serait plus fatale encore, ce serait aux journaux et aux journalistes actuels, habitués à tourner autour du même manége et à laisser croire que, s'ils ne vont au fond d'aucune question, c'est qu'ils en sont empêchés par un régime dont le vrai nom serait : le *Tread-Mill* des pauvres d'idées. Il leur faudrait stéréotyper de nouveaux lieux-com-

muns, opération qui exigerait beaucoup de temps;
il leur faudrait se mettre sérieusement à l'étude des
questions sérieuses ; il leur faudrait, enfin, se donner la peine de discuter, ce qui est moins facile que
de louer sans sincérité ou que de critiquer sans im-
partialité.

Même l'entière liberté de la presse ne serait encore qu'une demi-mesure si elle n'était complétée
par la liberté de réunion, sans laquelle les journaux
ressemblent à des baromètres auxquels il manque-
rait l'essentiel : la colonne de mercure montant ou
descendant dans son tube, selon le degré de pression
atmosphérique. Ce qu'affirme un journal, un autre le
contredit : comment vérifier lequel des deux journaux a, de son côté, la majorité des opinions ou la
majorité des intérêts, s'il n'est pas permis à cette majorité de se produire et de se faire compter ? Sans la
liberté de réunion, la liberté de la presse reste à l'état
de débat contradictoire entre deux avocats qui plai-
deraient sans qu'il y eût de juges pour prononcer
et rendre un jugement, ou de discussion parlementaire n'aboutissant point à un vote ; c'est un levier sans point d'appui ; c'est la meule tournan
dans le vide ; c'est la polémique condamnée au ra
bachage ; c'est le supplice des Danaïdes sous une autre forme : la forme d'un journal au lieu de la forme
d'un tonneau. C'est à la liberté de réunion que l'Angleterre est redevable du libre-échange qui l'a sau-
vée en 1848 de la révolution du pain, révolution qui
eût été impitoyable, qui eût été terrible. C'est à la li-

berté de réunion que l'Angleterre est redevable de l'accomplissement de toutes ses réformes, sans en excepter une seule. La liberté de réunion est la seule puissance assez forte pour finir par triompher de la résistance qu'opposent tout abus invétéré qu'il s'agit de supprimer, tout monopole caduc qu'il s'agit d'abolir, tout intérêt indolent qu'il s'agit de stimuler; le gouvernement qui se prive du concours de cette puissance ne sait pas à quelle force il renonce, à quelle faiblesse il se réduit. Pour ne citer qu'un seul exemple, la France, telle qu'elle est déjà sillonnée de chemins de fer, aurait tout à gagner à la liberté des échanges : d'où vient que certains intérêts privés, ligués sous le faux nom de « *Protection du travail national*, » l'ont constamment emporté sur l'intérêt public et sur les tendances mêmes du pouvoir? D'où vient que ces intérêts aient été assez puissants pour contraindre plusieurs ministres, sinon à abjurer leur foi économique, du moins à démentir cette foi par leurs actes? C'est qu'il a manqué à la France la liberté de réunion que possède l'Angleterre; c'est que le débat à fond n'a pu s'engager entre la filature et la métallurgie protégées, au détriment de notre commerce et de notre marine, et notre consommation tout entière affranchie; c'est que la liberté de consommation n'a pu arborer son drapeau, rallier ses partisans et convier le gouvernement à les compter, concurremment avec les partisans de la cause opposée! Je conviens qu'une telle controverse n'aurait pas lieu sans pro-

duire une certaine agitation en sens contraire à
Lille et à Bordeaux, à Rouen et à Marseille ; mais
où serait le mal que cette agitation se produisît, ti-
rât les esprits de leur torpeur, et par les intérêts fît
diversion aux regrets ? En quoi cette agitation, sur-
veillée par le gouvernement, l'affaiblirait-elle ? Ne
lui serait-elle pas plutôt salutaire ? Voir par les yeux
de tous au lieu de ne voir que par les deux yeux d'un
commis, ne serait-ce pas plus sûr ? Résoudre successivement toutes les questions, ne serait-ce pas plus
sage que de les ajourner indéfiniment ? Faire ainsi
l'éducation d'un pays qui a le peuple anglais pour
voisin et pour rival, ne serait-ce donc rien ?

XI

Le suffrage universel est à lui seul toute une constitution, tout un gouvernement ; mais c'est précisément parce qu'il est tout cela qu'il importe de le
rendre aussi parfait qu'il est de sa nature de l'être.

Tout gouvernement est un mécanisme ; tout mécanisme qu'on simplifie gagne en force ce qu'il a
perdu en complication.

Il est des ressorts que le suffrage universel rend
inutiles : pourquoi, s'ils sont superflus, s'ils ne ser-
vent qu'à créer ou multiplier les frottements, ne pas
les supprimer ?

Il est des forces qu'il n'utilise pas : pourquoi les laisser perdre?

Supprimer les ressorts inutiles et utiliser les forces perdues : c'est ce qui distingue le génie, c'est ce qui caractérise le progrès, c'est ce qui constitue l'art d'accroître la puissance.

La liberté de la presse est une force perdue; elle ne peut être utilisée que par la liberté de réunion, celle-ci servant, à son tour, à rétablir l'ordre trop longtemps interverti entre l'intérêt du nombre le plus grand, passant toujours le dernier, et l'intérêt du nombre le plus petit, passant toujours le premier, aussi bien sous le gouvernement constitutionnel que sous le gouvernement traditionnel.

Mais du jour où ce serait l'intérêt du nombre le plus grand qui déciderait, et où l'exception cesserait d'être prise pour la règle, de ce jour-là daterait l'avènement du gouvernement rationnel, avec son code homogène et nouveau. Quel beau code ce pourrait être, autant au-dessus du Code Napoléon 1er que ce code est supérieur à l'amas de lois incohérentes et iniques qu'il a remplacé ! Et qu'il serait glorieux d'y attacher son nom ! Rien n'empêcherait que ce code s'appelât : le Code Napoléon III. Que faudrait-il pour que celui-ci pût cesser d'être légalement obligatoire? Il faudrait qu'il fût absolument juste : il faudrait qu'au lieu d'avoir pour sanction la force armée, il eût pour sanction la raison démontrée. Ce serait là son éternel honneur !

XII

Autrefois la politique des Etats était toute tracée ; elle consistait à s'agrandir territorialement, soit par des victoires et des conquêtes, soit par des mariages et des successions ; mais maintenant que provinces et royaumes ne s'apportent plus en dot ; qu'il n'y a plus de guerres de succession coûtant souvent plus que la succession ne valait ; maintenant surtout que l'empereur Napoléon III a solennellement déclaré que le temps des conquêtes est passé sans retour, que faire pour donner à la politique un intérêt qui occupe les esprits, une grandeur qui décore un règne ?

Ce n'est pas sans raison qu'on avait coutume de dire : «Le théâtre de la politique.» En effet, la politique a longtemps été un théâtre où, pour ne parler que de la France, les personnages en scène étaient des héros s'appelant Clovis et Charlemagne, empereur d'Occident ; des monstres s'appelant Clotaire faisant brûler son fils Chramme avec toute sa famille, ou Chilpéric le digne époux de Frédégonde qui le fait assassiner ; des prisonniers s'appelant Louis d'Outre - Mer, Saint - Louis, Jean - le - Bon, Louis XI, François Ier ; des fous s'appelant Charles VI ; des imbéciles s'appelant Charles VII se laissant mourir de faim par peur d'être empoisonné par son fils ; des tyrans s'appelant Louis XI ; des victimes s'appelant Louis XVI ; où rien ne manquait à l'action : guerres extérieures et guerres intestines, guerres de succession et guerres de religion durant cent ans, guerres de suzerain à vassal et de vassaux à vassaux ; croisades, créneaux et pontslevis ; siéges sans nombre et sans fin ; batailles aussi souvent reperdues que gagnées ; villes incessamment prises et reprises ; intrigues et conjurations de palais ; empoisonnements, assassinats et massacres ; répudiations et excommunications ; extermination des hérétiques et supplice des sorciers ; tortures, gibets et bûchers ; pestes et famines ; où l'action ne languissait jamais, car le crime venait toujours à temps pour la ranimer ; où le drame était une réalité palpitante qui découlait des événements eux-mêmes et devançait l'imagination des poètes tragiques ; où enfin tout était théâtral jusques aux caractères si fortement trempés, et jusques aux costumes si pittoresquement variés. Rien de pareil n'existe plus ; rien de pareil ne saurait plus exister. Il faut que le public s'y résigne. Le théâtre de la politique est fermé ; le temps est passé de la politique de théâtre.

Le cardinal de Richelieu et le cardinal de Mazarin ressusciteraient avec toute leur expérience qu'ils n'en sauraient plus que faire. L'avenir est aux Sully et aux Turgot. Sainte-Hélène est la preuve qu'il n'est plus possible de recommencer Charlemagne.

La sagesse veut qu'on ne demande à la politique en frac que ce qu'elle peut donner.

C'est l'habit qui fait la politique.

C'est sur lui qu'elle se taille. Elle est ce qu'il est.

Il ne faut plus demander à la politique ni la gloire ni le crime

Il faut lui demander la liberté et la prospérité.

Il faut lui demander des chemins de fer, encore des chemins de fer et toujours des chemins de fer, jusqu'à ce qu'il ne manque plus une seule maille au réseau.

Il faut lui demander de n'avoir pas de préférence pour la terre au préjudice de la mer, cette grande route qui n'exige ni tunnels, ni remblais, ni viaducs : conséquemment de neutraliser les détroits, d'agrandir les ports et de percer les isthmes.

Il faut lui demander d'abolir les douanes.

Il faut lui demander l'unité sous toutes les formes admissibles par un congrès économique, le seul congrès qui vaudrait la peine qu'on le réunît.

Il faut lui demander de rendre de plus en plus faciles et de moins en moins dispendieux les rapports de peuples à peuples, de telle sorte qu'il ne reste plus entre eux qu'un seul obstacle : la diversité de langues.

Il faut lui demander de la terre pour tous les bras qui aspirent à la cultiver, ce qui existe aux États-Unis, et ce qui, grâce à la rapidité et à l'économie de la navigation, peut exister tout aussi facilement en Europe.

Il faut lui demander d'appliquer à la production

les capitaux et les forces qu'elle en détourne pour les appliquer à la destruction

Il faut lui demander d'enseigner aux hommes, non plus à s'entr'égorger, mais à s'entr'aider, ce qui ne sera pas plus difficile et rapportera au lieu de coûter ; conséquemment, il faut lui demander d'opérer le désarmement européen.

Je suis le premier à en convenir : une telle politique ne débute pas par la grandeur ; avant d'atteindre à la hauteur du chêne, elle commence par la grosseur du gland ; elle parle peu à l'imagination des peuples ; elle prête peu aux arcs de triomphe ; elle fournit peu aux descriptions des historiens, aux dithyrambes des poètes et aux pinceaux des peintres ; elle est froide et terne comme une dissertation économique ; mais si cette politique n'est pas plus animée que cela, à qui la faute ? Est-ce moi qui ai fermé sans retour l'ère des conquêtes ?

Mais moins cette politique satisfait les imaginations avides d'événements, de guerres et de révolutions, les esprits pervertis par le désœuvrement, et plus c'est une raison de se hâter de dégager l'irresponsabilité du Pouvoir, de proclamer la neutralité de l'Etat et de se réfugier dans la Liberté, le seul port qui reste ouvert aux gouvernements dynastiques.

Il n'y a que la liberté dans le monde qui puisse y remplacer la guerre.

Il ne restait plus que la guerre d'intervention ; la paix de Villafranca l'a tuée.

Donc la liberté est immanquable.

XIII

Baden-Baden, 20 septembre 1859.

— Que dites-vous là ! Vous n'avez donc pas lu la
déclaration publiée le 16 septembre en tête du *Moniteur universel* et suivie le surlendemain de la circulaire signée par M. le duc de Padoue, ministre de
l'intérieur ?

— J'ai lu la déclaration et la circulaire ; ni l'une
ni l'autre n'ont rien changé à ma conclusion. Pour
qu'elles l'eussent changée, il eut fallu que j'eusse
oublié les déclarations réitérées du *Moniteur* et du
ministère de 1851 en faveur du suffrage restreint
contre le suffrage universel, alors que je défendais
le suffrage universel contre le suffrage restreint avec
la même ardeur et la même persévérance que je dé-
fends encore la liberté de droit contre la tolérance
de fait.

Le suffrage universel supprimé le 31 mai 1850 a
été rétabli le 2 décembre 1851.

La liberté qui a subi la même défaite aura le
même triomphe.

La logique des choses finit toujours par l'emporter
sur l'inconséquence des hommes.

Toute politique stagnante se corrompt et devient

malsaine ; ce sera comme nécessité d'échapper à l'insalubrité de la politique stagnante que sera rétablie la liberté.

L'empereur Napoléon III est un penseur.

J'en appelle de Napoléon III, empereur, à Napoléon III, penseur.

J'ai foi dans le penseur.

Il se hâte lentement, mais il arrive.

Il est arrivé des décrets du 9 janvier 1852 à l'amnistie du 16 août 1859.

FIN

PARIS. — IMPRIMERIE SERRIERE ET Cᵉ, 123, RUE MONTMARTRE